AF330503

LA RÉPUBLIQUE

ET SA RAISON D'ÊTRE

PAR

[illegible]

[illegible]

PARIS

[illegible]

[illegible]

18[illegible]

LA RÉPUBLIQUE

ET SA RAISON D'ÊTRE

PAR

A. AUDOY

ANCIEN PRÉFET

PRIX : 50 CENTIMES

PARIS

A. LE CHEVALIER, ÉDITEUR

61, RUE RICHELIEU

1873

LA RÉPUBLIQUE ET SA RAISON D'ÊTRE

I

Ceci n'est pas une œuvre de circons-
tance et de pure actualité. Si elle méri-
tait le nom de livre, ce serait simplement un *livre de bonne foi*, écrit au
courant de la plume, mais résultat de
réflexions anciennes déjà sur des sujets
que les événements ont placés au premier rang des préoccupations publi-
ques. Je me garderais assurément de
dire que ces événements ne m'ont rien
appris. Les observations qu'ils m'ont
suggérées ont, au contraire, modifié
mes idées sur bien des points, mais
presque tous accessoires ou secondaires. Ce qui était essentiel dans ces
idées, déjà formulées sous l'Empire,
n'a reçu des événements que des con-
sécrations nouvelles, et mes convictions
sont devenues des certitudes.

Je ne tente donc pas ici une œuvre
de polémique éphémère, inspirée par
les circonstances du moment. Je dirai

même que j'ai souvent regretté de voir la politique considérer trop exclusivement l'événement du jour et se contenter d'expédients plus ou moins bien appropriés à des circonstances journalières et variables. Ce n'est pas à dire que je sois partisan de l'esprit de système, spéculant dans l'abstraction, créant des formules inflexibles et cherchant à y plier un peuple dont les instincts s'y refusent. Je suis d'avis, au contraire, que la politique n'est pas une science purement spéculative, mais essentiellement relative et contingente. La théorie pure doit tout au plus fournir une sorte de *desideratum* idéal dont on cherchera à se rapprocher par progrès insensibles sans se bercer de l'illusion qu'il sera jamais donné de le réaliser entièrement. Ces progrès ne doivent être tentés qu'avec lenteur et en les mesurant toujours à ceux de l'esprit public sans entreprendre de le violenter ni de le pousser en avant pardes excitations factices.

La théorie et l'abstraction ne doivent donc pas être exclues de la politique. Elles doivent seulement se borner à montrer un but lointain à la perfectibilité des institutions. Quant à ces institutions elles-mêmes, elles doivent être avant tout conformes au génie d'un peuple, à ses besoins, à ses intérêts, à ce qu'on pourrait nommer sa constitution, l'essence de son tempérament.

Cette observation du tempérament d'un peuple ne doit pas être superficielle comme il arrive trop souvent chez nous. Il faut se garder des apparences trompeuses, du faux, du convenu et, par-dessus tout, de l'illusion des mots et des étiquettes.

Les mots et la peur des mots, la répugnance à nommer les choses par leurs noms, l'attachement aux étiquettes trompeuses, l'horreur irréfléchie de celles qui traduiraient certaines réalités ont fait chez nous un mal incalculable. C'est sur des mots qu'on se divise, c'est trop souvent pour des mots que le sang a été versé, alors qu'il est bien des choses sur le fond desquelles on est plus d'accord qu'on ne le pense.

Cet accord apparaîtrait bientôt si, laissant de côté les idées préconçues et n'attachant pas aux mots une importance qu'ils ne devraient pas avoir, on voulait bien étudier de près les caractères essentiels du tempérament français. C'est à cette étude que je convie ceux qui me liront. A défaut d'autre mérite, elle sera du moins consciencieuse. Les résultats, évidents pour moi depuis bien des années, pourront être contestés. Je voudrais qu'ils le fussent en effet; mais qu'ils le fussent avec des arguments, présentés simplement et de bonne foi comme je présenterai les miens. Je ne ferais nulle difficulté de me convertir à la raison s'il m'était démontré qu'elle n'est pas là où des réflexions incessantes m'ont, depuis si longtemps, conduit à la voir.

———

II

Un point de départ sur lequel on est bien près d'être d'accord est le principe de la *souveraineté nationale*. Tout le monde, il est vrai, ne lui attribue pas exactement le même sens, n'en déduit pas les mêmes conséquences, n'est pas du même avis sur la manière d'en provoquer les manifestations. Mais il y a pourtant, dans ce qu'exprime le mot, un fond d'idées sur lequel on se rencontre. C'est ce qu'il importe de dégager avant tout.

Nul aujourd'hui ne le conteste, à l'exception peut-être d'un très petit nombre d'esprits bizarres : un gouvernement n'est légitime qu'à la condition d'être voulu par la nation. On peut ajouter qu'à cette condition seule il est possible en France. On en conviendra si l'on dégage l'idée de certains accessoires, sur lesquels on se divise, pour n'en considérer que l'essence, sur laquelle on est d'accord.

Ainsi, tout le monde n'admet pas que la volonté nationale doive être consultée à tout instant, ni puisse se démentir et se contredire tous les jours. Elle doit, suivant plusieurs, présenter un caractère durable, persévérant, traditionnel. Elle n'a pas le droit de renverser en un jour, surtout par la violence et révolutionnairement, ce qu'elle a mis des siècles à édifier et consolider. Il résulte de cette sorte de proscription un droit inviolable, qui a bien pour origine la volonté nationale, mais que la volonté nationale elle-même n'est pas autorisée à détruire après l'avoir édifié. Peut-être, si l'on pressait bien les partisans de cette doctrine, conviendraient-ils que la volonté nationale a cependant le droit de remplacer une race régnante par une autre; mais cette substitution ne deviendrait, à leurs yeux, légitime qu'après une longue suite d'années créant un droit nouveau au profit des Capétiens, primitivement usurpateurs sur les Carlovingiens, ou des Bonaparte, primitivement usurpateurs sur les Bourbons.

Il suffit ici, sans aborder la discussion de cette théorie, de l'exposer telle qu'elle semble aujourd'hui admise par le parti légitimiste. Ce qu'il importe surtout d'en retenir, c'est qu'elle est exclusive du *droit divin*, entendu comme il l'était autrefois. Les légitimistes, en effet, sont les premiers à protester quand on leur attribue la croyance à un droit supérieur, provenant de quelque consécration mystérieuse, surnaturelle ou théocratique, absolu de son essence, et ne cessant pas de subsister alors même que la nation serait et resterait unanime à le répudier. Ils auraient pourtant mauvaise grâce à nier que telle a été, en effet, la conception royaliste à l'époque de son plus complet épanouissement en France, sous Louis XIV et Louis XV. Mais il serait injuste de méconnaître qu'une théorie aussi incompatible avec les idées modernes est aujourd'hui généralement abandonnée. Le parti légitimiste entend d'une certaine façon le principe de la souveraineté nationale, mais il l'admet comme base fondamentale de son système.

A plus forte raison les autres partis. Les bonapartistes le proclament très haut et n'insistent que sur le mode de manifestation, qu'ils veulent plébiscitaire. Les orléanistes ne sauraient en invoquer un autre. Ils se montrent seulement plus accommodants sur l'application, pour laquelle ils se contenteraient peut-être du suffrage restreint ou même d'une consécration présumée comme elle le fut en 1830, où on ne la demanda expressément ni à un vote populaire direct ni à une Assemblée spécialement investie du pouvoir constituant. Quant aux républicains, la souveraineté nationale absolue, inaliénable, est l'essence même de leur doctrine.

Ainsi, sauf les modalités accessoires, les procédés d'application pratique, les conséquences plus ou moins absolues, la souveraineté nationale est aujourd'hui, en France, un principe sur l'essence duquel tout le monde est d'accord. Seul, il peut créer un droit. Que pourrait être un gouvernement uniquement de fait, n'ayant pour lui que son existence et la force, n'invoquant aucun principe qui pût le rendre ou le faire paraître légitime? Il ne lui suffirait pas d'alléguer des considérations d'utilité, la protection des intérêts, le maintien de l'ordre, la prospérité matérielle s'il réussissait à la donner. Tout cela est assurément d'une grande valeur. Ce n'est pas assez pour légitimer un gouvernement. Ce sera assez peut-être pour lui rallier les esprits, pour lui faire obtenir à la longue le consentement national et, le jour où il l'aura obtenu, il se trouvera légitime. Il ne le sera pas, tant qu'il s'imposera au pays réfractaire à l'accepter, comme il peut arriver si certains éléments de prospérité matérielle ne paraissent pas compenser suffisamment les abus de la force, le mépris du droit individuel, l'arbitraire prévalant sur la loi, la corruption d'une cour comme il s'en forme autour de tous les despotes.

Aussi un gouvernement qui n'aurait pas pour principe la volonté nationale, apparente ou réelle, exprimée ou présumée, ne serait-il pas seulement dépourvu de toute légitimité. Il ne serait pas possible en France. On ne se le représente même pas. Il peut, sans doute, arriver en fait que cette volonté nationale soit faussée dans son expression, affirmée quand elle n'existe pas, mensongèrement supposée. S'il en était ainsi, ce serait encore un hommage qu'on lui rendrait. Mais cet hommage hypocrite n'empêcherait pas de périr le gouvernement dont le pays ne voudrait pas.

III

La volonté nationale est donc, d'un consentement à peu près unanime, le seul principe qui puisse aujourd'hui légitimer un gouvernement. C'est en outre le seul qui en puisse rendre l'existence possible. C'est enfin le seul qui ait servi de base à tous les gouvernements qui se sont succédé en France depuis quatre-vingts ans.

Qu'on s'en réjouisse ou qu'on le déplore, une France nouvelle a commencé en 1789. Aurore d'une rénovation suivant les uns, commencement de la décadence suivant les autres, cette grande date a rompu d'une manière irrévocable la chaîne des temps. Il est absolument oiseux de rechercher ce qu'a pu être le génie national français à ces époques archaïques dont tous les efforts d'imitation n'amèneraient pas plus la résurrection, que le Directoire n'a fait revivre l'antiquité en en copiant les costumes. C'est pour nous, non pour nos bisaïeux, c'est pour aujourd'hui et pour demain, non pour jadis, qu'on doit se demander quel est le gouvernement qui convient le mieux à la France.

C'est donc le génie français moderne, le tempérament national d'aujourd'hui qu'il importe d'étudier. Mais ici se place cette réflexion présentée plus haut : qu'il faut se garder des illusions produites par la considération trop exclusive de circonstances absolument éphémères et momentanées. Ce n'est pas parce que le peuple crie, un jour de sacre : vive le Roi ! pendant trois jours : vive la République! à une revue: vive l'Empereur ! qu'il est royaliste, républicain ou bonapartiste. L'observation, pour être sérieuse, doit embrasser de plus longues périodes. Autant elle serait vaine si elle remontait à l'ancien régime , autant elle serait trompeuse si elle n'envisageait que ces entraînements dans un sens ou dans l'autre, si largement contre-balancés par des entraînements contraires.

Une période de quatre-vingts ans, presque égale aux plus longues existences humaines, appréciable dans la vie d'un peuple, comporte une observation sérieuse. Elle convient particulièrement à une étude de ce genre quand elle a pour point de départ cette transformation qui, soit qu'on la blâme, soit qu'on la loue, reste l'un des événements les plus considérables de l'histoire du monde.

Or, tous les gouvernements qu'a connus la France depuis 1789 ont invoqué le consentement national. Il n'en est même aucun qui ne l'ait eu à un moment donné. Chacun a eu ainsi son heure de légitimité. La Restauration seule a prétendu renouer la chaîne des temps, tenir le pouvoir d'une sorte de droit primordial et mystérieux et octroyer une charte. Mais on sait le mauvais effet produit par cette prétention d'un autre âge. Il n'y a eu là, en réalité, qu'une de ces contradictions entre les mots et les choses qui ont souvent fait tant de mal.

La vraie raison d'être de la Restauration a été la volonté nationale, ni plus ni moins que de tous les gouvernements qui l'ont précédée ou suivie. Peu importe qu'elle ne se soit pas manifestée sous une forme expresse et directe. Elle n'en a pas moins existé. Tout historien de bonne foi reconnaîtra que la France, fatiguée des guerres et du despotisme de l'Empire, a voulu ou tout au moins accepté la Restauration comme un gouvernement libérateur, auquel la grande majorité s'est ralliée malgré la tache originelle d'une prise de possession à la suite et sous la protection des armées étrangères. Cette tache originelle est restée, sans doute, au fond du système, dont elle a plus tard amené la chute, comme la tache originelle de décembre a fini par amener la chute du second Empire. Mais en 1815, comme en 1852, le vice primordial de chacun des deux systèmes a été momentanément couvert par le consentement général, dont la réalité, à ces deux époques, ne saurait être sérieusement déniée.

La Restauration elle-même n'a donc pas eu d'autre fondement que la volonté nationale, malgré l'invocation assez puérile d'une sorte de droit divin auquel personne ne croyait plus. Elle n'a pu s'établir et vivre que grâce à ce consentement national et a péri dès qu'il lui a manqué. Quant aux autres gouvernements, Monarchie constitutionnelle de Louis XVI, République sous toutes ses formes, Consulat, Empire, Royauté de Juillet, République de 1848, Présidence de 1851, second Empire, tous ont expressément invoqué la volonté nationale comme base et justification de leur existence. Et tous ont été dans le vrai, car il n'en est pas un que le pays n'ait très réellement voulu ou accepté.

Ainsi, la souveraineté nationale est, en France, depuis 1789, un principe admis, accepté, invoqué par tous les partis. Il a été la base essentielle de tous nos gouvernements successifs. Tous ont vécu par lui, aucun n'a pu subsister quand il lui a manqué. C'est un point sur lequel on peut affirmer l'accord réel de toutes les consciences. Tout le monde le sent au fond du cœur, presque tout le monde en convient tout haut : un gouvernement n'est aujourd'hui légitime et possible en France que si la nation le veut. Sinon, s'il prétend s'établir ou se perpétuer contrairement au sentiment général, il n'est plus légitime ni possible : usurpateur, en droit, il est, en fait, fatalement condamné à périr.

IV

On s'attend peut-être à trouver ici cette thèse républicaine qui procède en déduisant les conséquences logiques du principe pour arriver à une conclusion en quelque sorte mathématique. Telle n'est pas ma pensée, et je dirai tout à l'heure pourquoi. Résumons d'abord ces déductions républicaines, d'ailleurs très rigoureusement logiques.

Si la volonté nationale, dit-on, est le seul principe qui puisse légitimer un gouvernement, il s'ensuit d'abord qu'elle doit être consultée pour le fonder. Elle peut l'être sous diverses formes, dont la plus rationnelle serait la forme plébiscitaire. Mais l'inconvénient du plébiscite est de poser la question de telle sorte qu'il est presque toujours impossible d'y répondre d'une manière exacte, exprimant fidèlement la pensée du pays. Si la question est posée par *oui* et par *non*, l'affirmation s'appliquant à un fait préalablement accompli, la négation à un inconnu dans lequel se confondent plusieurs systèmes contradictoires entre eux, l'affirmation prévaudra certainement, mais ne prouvera rien. Il faudrait, pour que le plébiscite pût être pris au sérieux, que les électeurs eussent toute liberté de se prononcer dans un sens ou dans l'autre, liberté matérielle et liberté morale ; que leur vote ne fût pas imposé par des circonstances momentanées et qu'il pût d'ailleurs exprimer l'un quelconque des systèmes de gouvernement entre lesquels se partagent les esprits. Rarement ces conditions se trouveront réunies ou faciles à réaliser. Aussi, beaucoup préfèrent-ils au plébiscite l'élection d'une Assemblée chargée non-seulement de proclamer une forme de gouvernement, mais en outre d'en constituer l'organisme.

On peut donc varier quant au mode à choisir pour consulter le pays sur le gouvernement à fonder. Mais, dit la doctrine républicaine, l'expression de sa volonté, sous une forme ou sous une autre, n'en est pas moins indispensable.

De plus, la volonté nationale peut changer. Si elle change, en effet, si elle cesse de vouloir dix ans plus tard ce qu'elle a voulu dix ans plus tôt, le gouvernement cesse d'être légitime et ne peut s'imposer au pays malgré lui. Il faut donc de toute nécessité que le pays puisse exprimer sa volonté, sinon à tout instant, ce qu'exigerait peut-être une logique absolument rigoureuse, du moins à des intervalles rapprochés.

D'où il suit que la seule forme de gouvernement compatible avec la souveraineté nationale est la forme républicaine. Un peuple ne peut pas aliéner sa liberté pour l'avenir, et tout engagement de vouloir dans dix ou vingt ans ce qu'il veut aujourd'hui est radicalement nul. A plus forte raison un engagement pris pour les générations futures. Comment comprendre que les Français d'aujourd'hui soient liés par ce qu'a pu être, il y a des siècles, la volonté des Français d'alors?

On conclut très logiquement d ces prémisses que, si tout gouvernement peut être légitime à son origine et quand le peuple le veut, la République seule peut rester légitime parce que seule elle permet au pays d'exprimer ses volontés successives. C'est ce qu'on a nommé, bien à tort, la République de droit divin. L'appellation est complétement inexacte, l'étiquette absolument mensongère, le mot diamétralement opposé à la chose. La République ainsi comprise est justement l'inverse du *droit divin*, c'est-à-dire d'un droit extérieur et supérieur à la raison de l'homme, susceptible d'imposer à un pays un gouvernement repoussé par sa volonté. C'est, au contraire, la République de *droit humain*, de raison humaine, de logique humaine, partant du principe purement rationnel et humain de la souveraineté nationale pour aboutir, par des déductions en quelque sorte mathématiques, à des conséquences exclusives de tout droit divin ou puisant son principe en dehors de la raison humaine.

Mais, si la doctrine ne mérite à aucun degré une qualification qui en exprime le contre-pied, il n'en résulte pas qu'elle impose à la France la forme républicaine. La politique, ne l'oublions pas, n'est pas une science de pure abstraction, procédant, comme l'algèbre, par déductions logiques dans l'absolu. C'est une science humaine et contingente qui doit considérer avant tout les besoins, les instincts, le tempérament et les conditions de prospérité d'un peuple en même temps que les possibilités d'application pratique. La forme républicaine a beau être, en logique pure, la seule compatible avec le principe de la souveraineté nationale, il n'en est pas moins vrai que si un peuple vit heureux et prospère sous une monarchie dont il veut, en réalité, le maintien, encore qu'il n'ait pas l'occasion de le dire par des plébiscites, on n'a pas le droit de renverser par la violence son gouvernement, sous prétexte de demander à ce peuple si d'aventure il n'en préférerait pas un autre.

Je dirai plus loin ce qui me paraît être, dans la doctrine républicaine pure, un élément à considérer. Je me borne à expliquer ici comment, à mon avis, elle ne suffit pas à elle seule pour justifier et surtout pour imposer la forme républicaine.

V

Revenons à ce principe fondamental de la souveraineté nationale, condition essentielle de l'existence de chacun de nos gouvernements depuis 1789, et dont l'affaiblissement ou la disparition a successivement entraîné la chute de tous.

On dira peut-être que cette chute a été amenée par des émeutes coupables, des révolutions violentes que le pays ne demandait pas. Ceci sera examiné plus loin. Que l'on réserve, si l'on veut, son opinion sur les causes de la chute de nos gouvernements successifs, il est difficile de ne pas admettre tout au moins que la souveraineté nationale a été le principe essentiel de l'existence de chacun.

Tous sont tombés. Chacun, après avoir vécu dix, quinze, vingt ans, a été remplacé par un autre. Il y a là, en dehors des causes fortuites, des faits particuliers, des accidents, il y a une reproduction et une périodicité singulières de phénomènes analogues. Les a-t-on suffisamment observés? — Il est permis d'en douter.

Un fait qui se répète de la sorte est pourtant l'indice d'une loi. C'est aussi vrai en politique que dans les sciences naturelles. L'observateur·impartial qui, se plaçant au point de vue de l'historien, au-dessus des préjugés de parti, des préventions étroites et des polémiques du moment, se demanderait l'explication du phénomène, la trouverait assurément ailleurs que dans des circonstances accidentelles. Un fait, même isolé, se présente rarement dans l'histoire à l'état de simple accident. Il a presque toujours des causes profondes sans lesquelles il ne se serait pas produit comme conséquence de causes purement occasionnelles. S'il en est ainsi d'un fait isolé, à plus forte raison d'une répétition périodique de faits semblables. Cette périodicité démontre avec une incontestable évidence que le phénomène est la conséquence logique et forcée d'une cause fatale, inéluctable, invincible.

Est-il nécessaire à l'objet de cette étude de se demander pourquoi, depuis quatre-vingts ans, tout gouvernement en France se fonde d'abord sur la volonté nationale expresse ou tacite, mais toujours réelle, et tombe régulièrement après dix, quinze ou vingt ans? Cette recherche n'est peut-être pas indispensable. Elle peut conduire à des appréciations variées qui n'importent en rien à la conclusion. Les uns diront que la nation ne peut supporter longtemps les gouvernements qui entravent sa marche dans la voie ouverte par la Révolution. D'autres s'en prendront à l'esprit de révolte, à l'abandon des vieilles croyances et aux progrès du matérialisme. Ceux-là maudiront les efforts rétrogrades tentés contre les aspirations d'un peuple qui veut marcher en avant. Ceux-ci adresseront leurs anathèmes à ce prétendu progrès qui n'est, suivant eux, que le progrès du mal.

Ce qui domine, c'est le fait, incontestable assurément pour quiconque sait ce que personne n'ignore : que de nombreux gouvernements se sont succédé en France depuis quatre-vingts ans. Qu'on le déplore ou non, c'est un phénomène avec lequel il faut compter et qui exprime, par cela seul qu'il se reproduit périodiquement, un caractère essentiel du tempérament français tel qu'il se trouve aujourd'hui constitué.

Ni critiques ni lamentations ne peuvent faire que ce qui est ne soit pas. Tout gouvernement qui s'établit en France tombe fatalement au bout d'une période assez courte, car vingt ans ne sont qu'un jour dans la vie d'un peuple.

C'est avec une régularité d'horloge que le phénomène se produit. Tout gouvernement se fonde par la volonté du pays. Puis elle s'en sépare peu à peu et il vient un moment où le gouvernement s'effondre pour ainsi dire de lui-même, sous la poussée du moindre accident. Il faut remarquer, en effet, que les renversements proprement dits sont assez rares. On ne s'est un peu sérieusement battu qu'en 1830. Et, ce qui n'est pas moins digne de remarque, les insurrections qui ont donné lieu à de vraies guerres civiles, comme celles de juin 1848 et de la Commune en 1871, n'ont pas réussi.

Qu'est-ce donc, chez le peuple français, que cet irrésistible besoin de changer de gouvernement? Tout simplement une loi de nature. Tenter de la combattre serait et a toujours été une entreprise absolument vaine, comme il serait oiseux de la déplorer. Elle est, et toutes les théories du monde ne sauraient faire qu'elle ne soit pas.

C'est ce qui n'a peut-être pas été observé d'assez près. Ou, si l'observation a été faite, on a négligé d'en tirer les conséquences que commande le plus simple bon sens.

Voilà un peuple, en effet, qui admet comme principe de tout gouvernement la souveraineté nationale ; dont tous les gouvernements, invoquant à l'envi le principe, se fondent sur la volonté du pays ; mais un peuple chez lequel tout gouvernement s'use en dix ou vingt ans et tombe sous un souffle, renversé en apparence par un semblant d'émeute dont quatre hommes et un caporal viendraient à bout, en réalité parce que la volonté nationale, inconsciemment peut-être, s'est peu à peu détachée de lui. Qu'est-ce donc que ce peuple? Quel est son tempérament et quelle est son histoire?

Ce peuple est, quelque nom qu'on lui donne, un peuple républicain et son histoire, depuis que ces choses s'y passent, l'histoire d'une République.

Nous sommes en République depuis 1789.

Qu'on ne se hâte pas de crier au paradoxe ! Ceux qui y contredisent s'acharnent, on va le voir, à de pures querelles de mots.

VI

Laissons pour un moment les mots, nous y reviendrons. Voyons les choses.

Si l'on cherche à définir les conditions essentielles d'un gouvernement républicain, on en trouve deux principales.

La première, c'est la volonté du peuple intervenant pour instituer le gouvernement, investi de son mandat pour un temps déterminé.

La seconde, la volonté du peuple intervenant de nouveau pour remplacer ce gouvernement par un autre à l'expiration du mandat.

Telles sont les deux conditions essentielles et suffisantes moyennant lesquelles on est en République. Cette République peut d'ailleurs être fort imparfaite, et celle dans laquelle nous vivons depuis quatre-vingts ans l'est de toutes façons. Elle l'est parce qu'on lui refuse : le nom qui lui convient, une régularisation nécessaire, des institutions qui lui permettent de fonctionner comme il le faudrait pour la prospérité du pays.

Ce n'est pas moins, et quoi qu'on en

dise, une République, succession de gouvernements électifs. Tous ont été, depuis 1789, des gouvernements élus. Peu importent les formes qu'on y a mises, les contradictions qu'on s'est obstiné à maintenir entre les mots et les réalités, les proclamations de durée, d'hérédité, de perpétuité, vaines paroles emportées par le vent et la force des choses. La réalité n'a pas cessé et ne cessera pas d'être, qu'on le veuille ou qu'on s'en défende, l'élection comme source de tous les gouvernements que nous avons eus, que nous avons, que nous aurons.

L'élection a même été, le plus souvent, expresse et directe. Elle l'a été pour nos divers gouvernements républicains. Les deux empires ont demandé au vote populaire la consécration, non pas de coups de force qu'aucun plébiscite ne saurait empêcher de rester criminels, mais du pouvoir dont ils s'étaient ainsi emparés.

La royauté de Juillet s'est dispensée de la formalité plébiscitaire, mais elle a présenté comme y suppléant les résolutions des Chambres, les adresses et déclarations d'adhésion venues de partout. Le plébiscite a pris une autre forme, mais il n'a pas moins existé, car l'assentiment national a été visiblement acquis à ce gouvernement, à son origine. Il en a été de même de la Restauration, gouvernement en réalité élu comme les autres.

Si donc le plébiscite a été parfois omis, ce n'a été que comme formalité, et formalité surabondante et vaine, car le résultat n'en eût été douteux à la fondation d'aucun de nos gouvernements. Tous ont été, à leur début, expressément ou tacitement, mais très réellement voulus par la nation. Comment et pourquoi sont-ils tombés ?

Tous, sans exception, sont tombés parce que l'assentiment national s'était retiré d'eux. Sans doute, il y a eu des causes occasionnelles, mais ce sont des accidents sans importance quant au résultat. A défaut de ceux-là, il en serait survenu d'autres. Qu'un vieillard meure d'une bronchite ou d'une paralysie, il meurt toujours avant tout de vieillesse. Il aurait pu guérir d'une pleurésie, qu'il eût été emporté par un accès de goutte. L'épuisement des forces vitales n'eût pas moins amené la mort sous une forme ou sous une autre, et il vient toujours un moment où il ne s'agit que d'une question de quelques jours de plus ou de moins, d'un accident au lieu d'un autre.

Ainsi d'un gouvernement quelconque

en France. L'étude de sa longévité possible est une pure affaire d'observation. Les plus favorisés peuvent vivre quinze ou dix-huit ans. Quand il leur est donné d'atteindre ce terme, leur existence devient artificielle et factice jusqu'à ce qu'ils succombent au moindre accident. La Restauration n'aurait pas fait les ordonnances, qu'elle n'eût pas moins péri des suites de l'Adresse des 221. Le gouvernement de Juillet n'aurait pas empêché les banquets de 1848, qu'il n'eût pas moins succombé quand, le roi mort, on n'aurait eu qu'une régence. De même du second Empire, si la guerre de Prusse n'eût avancé de deux ans ce qui serait fatalement survenu à la mort de Napoléon III, sinon plus tôt.

VII

C'est une loi de nature contre laquelle il est inutile de protester, puéril de vouloir réagir. La durée d'un gouvernement est fatalement limitée en France comme la vie humaine est limitée partout. Quelques-uns n'atteignent pas ce terme extrême de quinze ou dix-huit ans, comme beaucoup d'hommes meurent jeunes. C'est tantôt une constitution trop faible, tantôt un accident exceptionnellement grave qui amène leur mort. Mais, si elle peut se trouver ainsi hâtée, il n'est pas d'expédient constitutionnel ou médical qui puisse la retarder au delà des limites naturelles de la vie.

Il y a là une loi générale qui domine toutes les circonstances de détail. L'historien peut faire l'autopsie de chacun des gouvernements tombés et déterminer les causes particulières de sa mort. Il constatera toujours, indépendamment des accidents externes, des causes internes et profondes. Il trouvera que tel organe vital était plus particulièrement atteint chez l'un, tel autre chez un autre. L'un excitait les répugnances po-

pulaires par des essais ou des apparences de retour à l'ancien régime, par le
souvenir des désastres à la suite des-
quels il s'était établi et qui marquaient
ses origines d'un stigmate anti-national,
quelque soucieux qu'il pût être et fût
réellement de l'honneur et des intérêts de la France. Un autre s'immobi-
lisait dans un pays légal trop étroit,
méconnaissait ses origines populaires,
ne procurait à la France que la satisfaction d'intérêts matériels, sans gloire
ni prestige. Un autre, issu d'une coupable violation des lois, était fatalement
condamné, par le vice de son origine,
à s'user par la tension même de ses
ressorts s'il se maintenait dans la si-
tuation violente d'un régime autoritaire
à l'excès, ou à périr par l'effet inévitable des concessions qu'il essayerait de
faire à l'esprit de liberté. D'autres peut-
être, impuissants à maintenir l'ordre
matériel, à protéger les intérêts et à
rassurer les gens paisibles, se trouvaient
atteints d'une faiblesse constitutive qui
les condamnait à mourir avant l'âge.
L'organe atteint ou vicié n'était pas le
même chez tous, de même que tel vieillard meurt du poumon, tel autre du
cœur, tel jeune homme d'une phthisie.
Voilà ce que l'autopsie peut montrer au
médecin, l'étude des faits à l'historien.

Mais, sous une forme ou sous une autre, c'est toujours le même phénomène qui apparaît : l'épuisement des forces vitales.

Il n'y a même pas d'exception à faire pour le premier empire, en attribuant sa chute à ses revers militaires. Sans doute, ces revers ont précipité les choses, achevé de détacher le pays du système, qui déjà lui était insupportable, et donné à la volonté nationale la possibilité de s'exprimer avec une évidence que n'a pas altérée l'absence d'une formalité plébiscitaire. Mais dans les temps et dans les pays où le principe monarchique est une réalité, et non pas, comme en France, une apparence et un mot, des désastres semblables n'empêchent pas le roi de rester roi, le territoire fût-il envahi, comme sous Charles VI et Charles VII, le roi lui-même prisonnier, comme Richard Cœur de Lion, saint Louis, Jean le Bon ou François Iᵉʳ. Le despotisme et la guerre ont été les vices constitutifs du premier empire. Chaque système a eu et aura le sien et chacun périra, parce qu'en France tout gouvernement est mortel.

Quant aux accidents externes, démonstrations avec ou sans armes, grilles forcées, Chambres envahies, ce ne sont là, à aucun degré, des causes de mort. On peut blâmer et maudire ces révoltes, on peut les déclarer coupables; la vérité est qu'elles ne sont pas efficaces, pas plus qu'un coup de poing ne fait écrouler un mur. Il y faut le canon ou, si la main y suffit, c'est que le mur est bien près de s'écrouler de lui-même.

Qu'est donc cet affaiblissement des forces vitales qui, chez un gouvernement qui a vécu quinze ans, comme chez un vieillard qui en a vécu quatre-vingt-dix, se manifeste sous une forme ou sous une autre, pour aboutir à un résultat toujours uniforme et fatal ? La force vitale de tout gouvernement en France, c'est la volonté nationale. Energique au début, elle s'affaiblit à la longue et a toujours disparu après quinze ou dix-huit ans.

La loi est absolue. On aurait tort d'en accuser les fautes d'un gouvernement et de soutenir qu'il aurait pu les éviter. C'est une erreur. Tout gouvernement est humain et, par conséquent, faillible. Chacun a commis, commet et commettra des fautes. Seulement, les fautes du début ne le font pas périr, parce que la volonté nationale ou force vitale est alors dans toute son énergie. Plus tard, au contraire, quand la force vitale s'est affaiblie, la volonté nationale retirée, la moindre faute, comme le moindre accident, devient cause de mort.

Accusera t-on la légèreté du peuple français, son inconstance, son mépris de l'autorité, son accessibilité coupable aux égarements révolutionnaires? Ce serait injuste, car il n'en est pas de meilleur, de plus docile et dont les entraînements, inspirés par la passion du juste, aient de plus généreux mobiles. Ce serait, en tout cas, peine perdue. Le peuple français est ce qu'il est, il a des qualités et des défauts, celles-là l'emportant de beaucoup sur ceux ci. Vouloir changer sa nature en ce qu'elle a d'essentiel et de constitutif serait une entreprise insensée. S'efforcer de l'améliorer est, au contraire, une entreprise louable, mais si l'on peut améliorer un tempérament, on ne peut le transformer jusqu'à rendre un sanguin lymphatique.

VIII

Le premier soin de l'homme politique doit être d'observer. Qu'il fasse ensuite pour le mieux, mais il échouera fatalement si, au lieu de tenir compte des conditions constitutives d'un peuple, il entreprend de les heurter en lui imposant des gouvernements que repousse sa nature.

Le caractère du peuple français n'est absolument ni constamment réfractaire à aucune forme de gouvernement. Il les accepte et même les acclame, suivant les temps et les circonstances, qu'ils soient autoritaires ou libéraux, qu'ils prennent une étiquette républicaine, royaliste ou impérialiste. Mais s'il a de ces attractions irrésistibles, elles sont toujours et inévitablement suivies de non moins irrésistibles répulsions.

On ne saurait trop insister sur cette particularité du tempérament français. Elle en est l'essence même. Il faut de toute nécessité, en France, qu'au bout d'un certain temps un gouvernement soit remplacé par un autre. Rien n'y fait, ni les constitutions, ni les lois, ni la force, ni les prédications, ni les

théories. Bon ou mauvais, le phénomène est fatal.

Qu'est-ce donc, je le demande encore, qu'un pays où les gouvernements
changent de la sorte, non pas une fois
et accidentellement, mais toujours? où
ils changent parce que le pays ne les
veut pas après les avoir voulus? où ils
se fondent sur le consentement national et périssent quand ce consentement
se retire? où l'élection, qu'elle appa-
raisse ou non en une formalité quelconque, est au fond de toutes les fonda-
tions, de tous les changements de gouvernement?

C'est un pays en République.

Et notre grand malheur, c'est l'horreur du mot quand on a la chose, quand
elle est, quand nulle puissance humaine
ne peut faire qu'elle ne soit pas.

Examinons cette question de mots,
nous verrons le mal qu'elle nous fait.

Quand un gouvernement se fonde,
son premier soin est de se déclarer im-
périssable. Les leçons du passé ne ser-
vent à rien. En vain ce gouvernement,
électif en réalité comme ceux qui l'ont
précédé, les a-t-il vus tomber tous
quand le suffrage national se retirait
d'eux, il n'en affiche pas moins la prétention d'échapper à la loi commune.

On croirait voir un homme jurant ses grands dieux qu'il ne mourra pas.

On comprendrait encore qu'il se promît de mourir le plus tard possible, en ne négligeant aucune précaution hygiénique pour conserver ses forces vitales. On comprendrait qu'un gouvernement s'appliquât à retenir longtemps cet assentiment national sans lequel il ne peut vivre. Mais décréter son immortalité, dans la France de 1789, c'est insensé.

Malheureusement, le gouvernement qui se fonde est suivi dans cette illusion par ses parrains d'abord, puis par le pays lui-même. On écrit sur une feuille de papier que le fils gouvernera après le père, comme l'amant de la romance écrit ses serments d'amour sur une feuille d'églantine. On décrète gravement que les petits-fils obéiront aux petits-fils quand on se dégage soi-même de l'obéissance promise par les grands-pères aux grands-pères. Au lieu de donner simplement au gouvernement qui se fonde son vrai nom de gouvernement électif et temporaire, on s'évertue à le décorer de quelque étiquette royale ou impériale. On affirme, on jurera s'il le faut que le vent soufflera toujours du même côté et l'on édicterait volontiers des peines terribles contre

Éole lui-même s'il osait se permettre de lâcher Zéphire au lieu de Borée.

Qu'y a-t-il au fond de tout cela? — Des mots, rien que des mots. Fait-on quelque chose? — Rien, absolument rien. Les formules d'aujourd'hui ne lieront pas demain, et le gouvernement pompeusement décrété d'immortalité ne mourra pas moins quand il aura vécu sa vie.

Ainsi le veulent la force des choses et l'essence constitutive du caractère français. D'autres diront que l'on n'a pas le droit de lier sa postérité ni de se lier soi-même pour un avenir indéfini. Il est encore plus vrai de dire qu'en France on n'en a pas même le pouvoir et que, quand la volonté nationale — qui change fatalement — aura changé, il en sera de ses engagements passés comme des neiges d'antan.

Le mal n'est pas encore tant dans ces titres de roi ou d'empereur dont on gratifie le représentant du gouvernement élu. Il a existé de ces royautés électives, en réalité Républiques mal organisées. Le titre de roi n'avait, à Sparte, aucune signification anti-républicaine et celui d'empereur n'impliquait pas, à Rome, l'hérédité monarchique. Les Francs élisaient un roi en le portant sur le pavois, procédé au-

quel nous avons substitué celui de pe-
tits papiers mis dans des boites. Tout
cela serait de moindre conséquence si
le titre de roi ou d'empereur, tel qu'on
l'entend de nos jours, n'impliquait autre chose qu'une fonction gouverne-
mentale.

Or, il implique l'hérédité et la perpétuité. Et comme, en fait, le fils ne
gouverne pas après le père, il en résulte qu'on place sur la route une bar-
rière qui n'arrêtera pas le cours naturel des choses, mais qui le gênera et
produira quelque accident. La volonté
nationale passera toujours, mais ne
pourra passer qu'en renversant la bar-
rière, ce dont le pays pâtira.

IX

Voilà le mal que causent ces mots de roi, d'empereur, d'hérédité, car ce ne sont que des mots. Ils n'empêchent pas les changements de gouvernement, mais les rendent violents et désastreux. Si l'on reconnaissait, au contraire, que nous sommes réellement en République; que tout gouvernement est, en France, électif et temporaire; que, la force des choses le voulant ainsi, toute étiquette qui le désigne autrement n'est qu'une vaine formule; si l'on ouvrait les yeux à cette évidence, on ferait en sorte de rendre pacifique et régulier un changement d'ailleurs inévitable, au lieu de lui créer des entraves qui le rendent funeste sans l'empêcher.

Mais les politiciens, sinon les masses, ont, en France, une singulière répugnance à appeler les choses par leurs noms. Celui de République déplaît à beaucoup de gens qui sont, au fond, des républicains sans le savoir. Combien d'entre eux n'ont-ils pas, de très bonne foi d'ailleurs, contribué successivement à établir la royauté de juillet, la présidence de Cavaignac et celle de Louis-

Napoléon, l'empire, comme ils pourraient demain voter pour les Bourbons
Que font-ils, en cela? Ils font acte d'é-
lecteurs employant leur part de souveraineté nationale à fonder successivement des gouvernements divers, exactement comme ils éliraient successivement divers présidents de République.

Aussi la République me paraissait-
elle déjà, sous l'empire, non-seulement un gouvernement rationnel,
conforme au droit et désirable,
mais le seul possible en France ;
non-seulement le seul possible à un
moment donné, parce qu'à ce moment
trois prétendants se présentent pour un
seul trône vacant, mais le seul possible constamment, parce que ces prétendants et d'autres ne peuvent que se
succéder, non se perpétuer dans la possession du pouvoir; non-seulement le
seul possible, mais le seul existant en
réalité, malgré les apparences contraires, les formules et les étiquettes. L'empire, à mes yeux, n'existait déjà plus
qu'en apparence, malgré le succès
trompeur du plébiscite. L'assentiment
national s'était virtuellement retiré de
lui, sans que le pays en eût peut-être
conscience et, en tout cas, sans qu'il pût
librement répondre à la question telle
qu'on la posait. L'empire le sentait si

bien lui-même qu'en désespoir de cause il s'est jeté, pour se sauver, dans une guerre insensée, jouant ainsi sa dernière carte. C'était peine perdue; il avait vécu sa vie, comme avaient vécu la leur la royauté de juillet, la restauration, le premier empire. Le jour du changement était venu, le changement était fatal.

On s'efforcerait en vain d'établir de nouveau ce qu'on nomme si improprement une royauté. Alors même que les circonstances ne rendraient pas cette tentative impossible, on n'aurait que le mot et l'apparence de la chose, non la chose. On tournerait dans le cercle sans en sortir. On aurait beau être unanime pour décréter un jour la perpétuité, la perpétuité ne sera pas. La monarchie, héréditaire au moment de la fondation, ne le serait pas au moment de la transmission.

Pourquoi donc ne pas appeler simplement les choses par leurs noms? Pourquoi ne pas nommer République cette succession de gouvernements électifs qui n'est pas autre chose? Pourquoi ne pas régulariser un système mauvais parce qu'il fonctionne irrégulièrement, mais dont on ne changera pas l'essence, et qui peut devenir bon s'il est régularisé? Que les partis démeurent, mais en restant ce qu'ils peuvent être, en renonçant à des illusions vaines. Qu'ils se contentent d'être des partis de gouvernement dans une République, ils ne peuvent être que cela. Que chacun cherche à faire prévaloir ses idées dans la conduite des affaires et à porter ses hommes au pouvoir, rien de plus légitime. Mais que chacun renonce à la folle prétention d'arriver au pouvoir pour y rester toujours, en la personne d'enfants nés ou à naître, car nul n'est maître de l'avenir et aucun Josué politique ne supprimera la succession des jours.

Sinon, qu'arrivera-t-il ? Je suppose que l'une des trois monarchies prévale sur les deux autres et s'empresse d'écrire sur un papier constitutionnel que les enfants règneront sur les enfants. Les deux autres conserveront leurs partisans qui pourront, en bons citoyens, comme les républicains eux-mêmes, se soumettre au verdict de la société nationale, si toutefois ce verdict est libre et sincère, s'il n'est ni surpris, ni extorqué, ni imposé, ni supposé. Dans tous les cas, ni les uns ni les autres no renonceront à leurs espérances pour l'avenir, espérances qui s'uniront bientôt en un commun désir de voir disparaître le gouvernement qui fait obstacle à leur réalisation. Ce germe de détachement de l'assentiment national se développe avec plus ou moins de rapidité selon que les fautes du gouvernement — qui en commet toujours quelqu'une — en favorisent plus ou moins l'expansion. Le gouvernement, d'ailleurs, s'use de lui-même par cela seul qu'il vit et gouverne, et il arrive un jour où, miné dans sa base, il ne se soutient plus que par un prodige d'équilibre. Survienne un accident — et il en survient toujours — que pèse, dans la balance des événements, une formule de perpétuité ? Moins que rien. Son seul effet est de rendre irrégulier, violent et désastreux un changement toujours inévitable et auquel on a eu le tort d'interdire toute possibilité de s'accomplir pacifiquement.

Aussi la République sous laquelle nous vivons depuis quatre-vingts ans est-elle mauvaise, incohérente et funeste. L'obstination à lui donner des étiquettes fausses, à vouloir arrêter le cours naturel des choses par des mots sans valeur, à commander, par de vaines formules, à un avenir dont on n'est pas maître substitue simplement les révolutions violentes aux évolutions pacifiques. Que l'on renonce à ces contradictions entre les mots et la réalité des choses, ce sera un notable progrès.

Sera-ce tout? — Non, certes. Une fois l'existence de la République constatée et rendue légale par la simple reconnaissance de ce qui est, il faudra tâcher de l'organiser le mieux possible. Mais ceci sortirait des bornes de ce travail, qu'il ne reste qu'à compléter par l'examen de quelques points particuliers.

X

Laissons de côté ceux qui, reconnaissant en fait la mobilité du caractère français, se contentent de la déplorer, ce qui ne remédie à rien; à plus forte raison ceux qui entreprennent de corriger ce qu'ils nomment un défaut et ce qui est, en tout cas, une manière d'être constitutive qu'on ne réforme pas à volonté. D'autres, plus sensés, reconnaîtront que, puisqu'elle existe fatalement, le plus sage est d'en tenir compte en cherchant la meilleure organisation possible qui ne la heurte pas directement et toujours en vain.

La monarchie constitutionnelle paraît, au premier abord, résoudre assez convenablement le problème. La royauté sert de modérateur, de régulateur, donne au pouvoir une stabilité relative et permet au gouvernement de changer sans secousses dangereuses. Le gouvernement, en effet, réside en réalité dans le ministère, qui dépend des Chambres, expression de la volonté du pays. Que cette volonté change, et le gouvernement change avec elle, donnant ainsi toute satisfaction même à ce

qu'il peut y avoir d'excessif dans la mobilité du caractère national. C'est une
République sous une forme monarchique, réunissant les avantages des deux
systèmes sans en avoir les inconvénients.

Le mécanisme est ingénieux et fonctionne parfaitement en Angleterre. Ce
n'est pas à dir. qu'il ne présente en lui-
même des inconvénients réels, mais ce
n'est pas ce qui importe le plus. Il importe surtout d'observer ce qui se passe
en France, où le système, plusieurs fois
essayé, n'a jamais pu s'établir. Cette
constatation peut suffire.

Elle démontre, en effet, que le régime de la royauté constitutionnelle ne
convient pas au tempérament national.
C'est un produit exotique qui ne peut
s'acclimater chez nous. Les tentatives
ont été répétées, toujours avec aussi
peu de succès. Ni la restauration, ni
la monarchie de juillet, ni l'empire libéral de 1870 n'ont pu vivre. L'expé-
rience est concluante, et il serait dérai-
sonnable de vouloir la renouveler.

Tout au plus peut-il être intéressant
de rechercher pourquoi le caractère
national ne peut s'accommoder, en
France, des fictions constitutionnelles.
L'explication n'est pas difficile à trou-

ver. C'est, tout simplement, parce que ce sont des fictions.

Il y a encore là un trait du caractère national qu'une observation attentive ne saurait négliger. L'esprit français est avant tout, comme sa langue, net, lucide et logique. Il veut des idées simples et claires, ne s'accommode ni de mysticisme ni d'abstractions, repousse le faux et le convenu, ne peut vivre dans les nuages. Il lui faut la pleine lumière, ou, pour mieux dire, il est lui-même la lumière. On tentera vainement de l'envelopper dans les nébulosités britanniques, il les dissipera toujours.

Or, le système de la monarchie constitutionnelle est un échafaudage de fictions que domine une fiction suprême : l'irresponsabilité royale.

L'esprit français n'a jamais pu et ne pourra jamais s'assimiler une conception semblable. De deux choses l'une : ou le roi a une action effective dans le gouvernement, et l'irresponsabilité ne se comprend pas ; ou son action est nulle, et il n'est plus lui-même qu'une superfétation.

On comprend fort bien, en France, ce qu'a d'ingénieux le système, et on a fait des efforts très sincères pour l'appliquer. Mais la bonne volonté ne suffit pas pour que l'estomac s'assimile tout aliment ou pour que le citronnier fleurisse en Norwége, si ce n'est en serre chaude. La force des choses a déjoué ici toutes les tentatives d'acclimatation. En fait, le chef du gouvernement, qu'il se nomme roi, empereur ou président de République, est toujours responsable. Une formule écrite dans une Charte n'y fait rien et n'y peut rien faire. C'est le roi ou l'empereur lui-même qui bénéficie de tout ce qu'approuve l'opinion, c'est de lui qu'elle se retire quand elle n'est pas satisfaite, c'est lui qui tombe quand le gouvernement a vécu ce que peut vivre un gouvernement en France. Le roi ou l'empereur est toujours pour le peuple, quoi qu'on dise et qu'on fasse, l'homme qui commande. Il ne suffit pas d'écrire quelque part qu'il est irresponsable. Il faudrait faire en sorte qu'il le fût en effet, et c'est là qu'on se heurte à l'impossible.

L'empire, qui sans doute sentait cette fatalité des choses, avait tenté d'y satisfaire en déclarant l'empereur responsable. Mais il n'avait fait par là que substituer à une fiction subtile une fiction grossière qui ne pouvait être mieux acceptée. L'empereur se déclarait res-

ponsable devant le peuple français ;
mais responsable quand et comment ?
Quand il lui plairait d'en appeler au
peuple, ce qui pouvait ne lui plaire jamais. Ou si cela lui plaisait un jour, il
était bien certain d'avance que ce serait quand il aurait préparé les circonstances et en posant la question de telle
sorte qu'il n'y eût qu'une réponse possible, comme après le coup d'Etat de
1851 ou lors du plébiscite de 1870. Cette
prétendue sanction d'une responsabilité illusoire ne pouvait donc être prise
au sérieux et devait être fatalement,
comme elle l'a été, dépourvue de toute
efficacité.

La droiture, la logique et la lucidité
de l'esprit français ne s'accommodent de
rien de semblable. Tout gouvernement
est, en France, qu'il le veuille ou non,
qu'il le dise ou ne le dise pas, responsable; responsable en la personne de
tous ceux qui le composent, et non pas
seulement des ministres à l'exclusion
de leur chef. On a beau s'efforcer de
placer celui-ci dans une sphère supé-
rieure où la responsabilité ne le peut
atteindre. En fait, elle l'atteint comme
les autres, plus que les autres et avant
les autres.

Dès lors, tout l'échafaudage s'écroule.
On dit vainement que le roi n'est pas

responsable, il l'est. On dit vainement qu'il est héréditaire, il est électif. On dit vainement qu'on est tantôt la royauté légitime, tantôt la royauté constitutionnelle, tantôt l'empire, tantôt la République, on est toujours la République.

XI

C'est ici qu'apparaît le vrai rôle de la doctrine rigoureusement logique que j'ai exposée plus haut sans admettre qu'elle fût à elle seule suffisante pour imposer la forme républicaine.

Elle a une valeur relative : valeur médiocre peut-être en d'autres temps ou dans d'autres pays ; mais considérable en France et de nos jours, parce qu'elle donne satisfaction à ce besoin de lucidité si impérieux chez nous.

Chez nous, en effet, tout chef de gouvernement est responsable. Donc, il faut que cette responsabilité se traduise en une intervention du pays. Cette intervention ne peut consister que dans un vote, dont la conséquence doit forcément pouvoir être un changement de gouvernement. Le vote peut d'ailleurs être direct et plébiscitaire ou émaner de représentants. C'est une question d'organisation qui a son importance, mais dont l'examen est en dehors du sujet de cette étude. Il suffit de constater en principe la nécessité de l'intervention, sous une forme ou sous une autre, de la volonté nationale comme sanction de la responsabilité du gouvernement dans ses plus hautes personnifications.

De même pour l'hérédité. Elle peut exister ailleurs, là où les origines du gouvernement, son principe, sa raison d'être se perdent dans des conceptions nébuleuses acceptées ou négligées par le sentiment public. En France, il n'en est pas ainsi. Tout gouvernement a pour base la volonté nationale. Dès lors la logique française n'est pas satisfaite si cette volonté nationale n'a pas la possibilité d'exprimer ses changements possibles. L'instinct national ne comprendra jamais que, si le pays a eu le droit d'établir un gouvernement de son choix, il n'ait pas plus tard le droit d'en choisir un autre, ni que, si on ne lui conteste pas ce droit, on lui enlève la possibilité de l'exercer. Aussi l'hérédité n'est-elle, en France, qu'une formule sans valeur, constamment démentie par les faits.

Le bon sens public admettra néanmoins les tempéraments que comporte toute science qui, comme la politique, n'est pas purement abstraite et absolue. Il acceptera des périodes peut-être assez longues pour la durée desquelles le pays pourrait, dans une certaine mesure, se lier lui-même. Ce qu'il n'acceptera pas, et ce que les faits démentiront toujours s'il l'acceptait en apparence, c'est que ces périodes durent au-delà du temps nécessaire à un renouvellement de la population électorale par le seul effet des lois naturelles. Le peuple des votants n'est plus le même après dix ans. C'est un maximum qu'il ne faudrait pas dépasser, au-dessous duquel il sera même préférable de rester. Ce point est d'ailleurs à réserver pour une étude constitutionnelle. Il suffit encore ici d'indiquer le principe.

Voilà ce qui fait la valeur relative de la théorie républicaine : elle est logique, rationnelle, satisfait le bon sens, et par là répond à l'une des qualités les plus essentielles de l'esprit français. Elle ne se borne pas à proclamer théoriquement le droit, elle l'applique pratiquement. Elle se présente à visage découvert et n'oblige pas à chercher, sous un voile de combinaisons plus ou moins ingénieuses, le sens vrai des institutions. Elle va droit son chemin, sans engager l'esprit dans les sentiers tortueux des raffinements politiques. Elle exclut cette contradiction choquante entre le principe de la souveraineté nationale et l'hérédité. Elle évite ces fictions subtiles d'irresponsabilité, de chef de gouvernement qui ne gouverne pas, d'un gouvernement héréditaire en la forme quand il est, au fond, électif en la personne de ministres portés au pouvoir par une majorité parlementaire. Elle n'écrit pas une formule de responsabilité devant le peuple pour la laisser illusoire et dépourvue de toute sanction pratique. La France ne supporte pas les fictions. Elle acceptera, dans un moment donné, jusqu'au pouvoir absolu franchement exercé par une personnalité visible et palpable. Elle ne s'accommodera jamais d'institutions qui ne sont pas ce qu'elles ont l'air d'être, reposent sur des bases fictives et peuvent satisfaire l'ingéniosité du mécanicien politique, mais non le simple bon sens.

C'est pourquoi il serait temps de marcher enfin sur la terre ferme, en mettant simplement un pied devant l'autre au lieu de dresser une corde roide sur un échafaudage de fictions. Cessons de vouloir plier de force le génie national à nos systèmes sous prétexte qu'ils sont ingénieux. Son premier besoin est le simple et le vrai. Ne tentons plus de l'en faire sortir, il y reviendra toujours.

XII

La force des choses domine tout. Aussi doit-on considérer comme secondaires , malgré leur importance, les considérations que l'on pourrait nommer d'*utilité*. Il semble, à les entendre débattre, que la France soit un terrain libre, susceptible de recevoir des plantations de fantaisie. On se demande si le cèdre n'est pas plus beau que le chêne ou le palmier préférable au tilleul. Il faudrait se demander d'abord ce que comportent le sol et le climat. Aucune monarchie ne peut prendre racine dans ce sol trop mouvant ni fleurir sous cette température trop variable. Chacune à son tour se dessèche et meurt. C'en est assez pour résoudre la question.

Mais, dit-on, le peuple serait si heureux sous une monarchie nationale, paternelle, protectrice de tous les intérêts, respectueuse de tous les droits, conservatrice autant que libérale, énergique contre le désordre, rassurante par sa stabilité, donnant au pays la gloire en même temps que la prospérité matérielle !

Le peuple serait-il donc moins heureux sous une République idéale? Nous ne sommes pas dans le domaine du rêve, mais dans celui de la réalité. Chaque forme de gouvernement a ses inconvénients et ses avantages. Chacune serait parfaite si les hommes étaient parfaits. Ils ne le sont pas, il faut les prendre tels qu'ils sont et leur donner des gouvernements possibles.

En théorie et en logique, la forme monarchique ne soutient pas la discussion. La contradiction manifeste entre le principe de la souveraineté nationale et celui de l'hérédité relègue la conception au rang de ces mystères qui ne sont de mise qu'en religion, comme celui de la co-existence de la prescience et de l'omnipotence divines. Les institutions humaines ne peuvent être fondées, surtout en France, que sur des bases accessibles à la raison humaine. — En pratique et en fait, la monarchie ne peut s'y établir, si ce n'est pour un temps, ce qui fait de cette succession de monarchies une République mal organisée. Pourquoi donc, au lieu de l'organiser mieux, s'obstiner à rester dans l'impossible et le faux ?

On craint le désordre, dit-on ; le désordre matériel et le désordre moral. La République a été presque toujours troublée. C'est sous son nom que se sont accomplis d'effroyables excès.

Il y a là bien des confusions. Ce n'est pas parce qu'on était en République que se sont produits les désordres, les troubles et les excès dont on parle. C'est parce qu'on était dans une période de transformation et d'enfantement. Ce n'est pas d'après un cataclysme qu'on peut juger des fécondes inondations du Nil, ni au déluge qu'il faut comparer une pluie bienfaisante. On n'était pas en République régulière et assise en 1792 et en 1793. On était en révolution et, de plus, en lutte contre l'Europe entière, à laquelle s'étaient joints, hélas! des Français égarés jusqu'à prendre les armes contre leur patrie. Ce serait une œuvre considérable que de rechercher tous les éléments qui ont joué leur rôle dans ces tourmentes, et il est permis d'affirmer, sans approfondir le sujet, et sans d'ailleurs chercher là une excuse pour de coupables excès, que l'esprit de résistance aux réformes a bien été pour quelque chose dans les explosions révolutionnaires. Une République organisée sera plus forte, au contraire, contre les insurrections, à en juger par celles que des Républiques naissantes ont pu vaincre, en juin 1848 et mai 1871, alors

que des monarchies prétendues fortes
et stables ont été si aisément emportées par les soulèvements ou plutôt les
démonstrations de 1830, 1848 et 1870.
Et quelle monarchie eût été capable de
mieux accomplir, au milieu d'une paix
plus profonde, l'œuvre immense ac-
complie en deux ans par la République
de 1871 ?

Une autre confusion, c'est d'attribuer
à la République ce qui ne serait, en tout
cas, que le fait de tel ou tel parti dans
la République. On croit, à tort suivant
moi, que la présence des partis libéraux au pouvoir encourage le désordre
ou du moins ne le décourage pas assez;
qu'ils manquent de force pour le pré-
venir ou le réprimer; que les partis autoritaires y réussiraient mieux. Je crois
qu'on se trompe, mais admettons-le.
Qu'en conclure? Rien contre la République en tant qu'institution; tout au
plus qu'il sera préférable de voter pour
les autoritaires que pour les libéraux,
ce qu'on peut faire sous une République comme sous une monarchie, et ce
qu'on a fait en 1849 et 1871. Ceci est
une question de conduite politique et
non d'organisation fondamentale. On
prouvera, si on le peut, qu'il vaut mieux
porter au pouvoir les tories que les
whigs. Rien ne les empêche d'y arriver

sous la République. La seule différence, c'est que le pouvoir pourra changer de mains par un simple vote, comme quand il a passé de M. Thiers au maréchal de Mac-Mahon, tandis que sous une prétendue royauté il n'en change pas moins, mais par une révolution.

Toutes ces discussions de supériorité, en fait, d'une forme de gouvernement sur une autre tourneraient, si on les abordait sans passion, au profit de la République. Elle présente surtout l'incomparable avantage de ne pas créer deux intérêts qui se confondent quelquefois, mais qui deviennent trop souvent distincts, trop souvent opposés : l'intérêt national et l'intérêt dynastique.

Il n'est ni sage ni prudent d'exposer ainsi le premier à se trouver compromis, peut-être sacrifié au profit du second. Un intérêt dynastique a seul inspiré la guerre de Prusse, si funeste à la France. Une fois la guerre déclarée, l'intérêt dynastique a seul motivé l'inutile et sanglante parade de Sarrebruck, puis la marche désastreuse sur Sedan quand l'intérêt national commandait de se replier sur Paris. Les exemples pourraient être multipliés à l'infini, s'il était besoin de prouver par des exemples une vérité si claire : que, quand on place deux intérêts en présence, l'un des deux court le risque d'être sacrifié à l'autre.

Tout est dominé, d'ailleurs, par cette considération suprême que la République seule est possible en France. Les esprits sages ne peuvent donc que s'y rallier, avec plus ou moins d'enthousiasme ou de résignation, mais comme à un état de choses nécessaire, dont il faut prendre son parti sans arrière-pensée pour en rendre le fonctionnement aussi satisfaisant que possible. C'est là ce qui devrait absorber toutes les préoccupations. Tant qu'on s'obstinera à les détourner sur de vaines combinaisons de nouveaux châteaux de cartes monarchiques, on ne réussira qu'à faire une République troublée au lieu d'une République prospère, sans pour cela supprimer la République, qui est et sera inévitablement dans les choses alors même que l'on parviendrait, par impossible, à en effacer momentanément le nom.

XIII

La passion, par malheur, est difficilement accessible à la froide raison et au simple bon sens. Nul n'ignore qu'en politique on agit beaucoup plus par entraînement qu'on ne se laisse conduire par la logique. Mais il est des vérités dont l'évidence est si éclatante qu'elles s'imposent à la passion elle-même et prévalent malgré tout dans les faits.

La période que nous traversons en ce moment en offre un bien curieux exemple. Abordons ici, pour un instant, cette actualité qui n'est pas, comme on l'a vu, l'inspiratrice de ces réflexions, mais qui est trop saisissante pour être entièrement négligée.

Qu'on se demande, en effet, si jamais les hostilités contre un gouvernement quelconque ont pu se donner plus librement et plus ouvertement carrière qu'aujourd'hui celles qui se déchaînent contre la République. La majorité de l'Assemblée nationale lui est antipathique et ne s'en cache pas. Des journaux en grand nombre ne tarissent pas, depuis plus de deux ans, en attaques sous toutes les formes ; tantôt la polémique plus ou moins sérieuse, plus ou moins ardente ; tantôt, et l'on pourrait dire constamment, les invectives, les injures, les ironies, les violences. Nul n'est tenu à la respecter, chacun peut la dénigrer à son gré, et Dieu sait si l'on s'en fait faute !

Elle est, cependant. Elle subsiste malgré tout, résiste à tout et, constamment attaquée, jamais défendue, demeure inébranlable. Alors que toute monarchie, se donnât-elle comme le type d'un pouvoir fort, déclare ne pouvoir vivre sans un arsenal de lois qui placent au moins son principe hors de la discussion, voilà la République livrée à tous ces dissolvants sans en être entamée.

C'est que la force des choses, qui impose la République à la France de 1789, l'impose plus irrésistiblement encore à la France d'aujourd'hui. On ne renverse pas purement et simplement une République, et l'expression même n'a pas de sens. On peut renverser une monarchie. Blâmable ou non, la chose est possible et le mot a une signification, parce que, quand la monarchie disparaît, la République se trouve naturellement à sa place. Renverser une République est une locution qui ne pré-

sente en elle-même aucun sens intelli-
gible et ne peut signifier que ceci : éri-
ger une monarchie. Laquelle? puisqu'il
en est trois qui prétendent occuper un
seul trône.

On n'a pas même essayé de répondre
à cette vérité, écrasante de simpli-
cité comme d'évidence, présentée avec
tant de force par le grand citoyen auquel les partis peuvent prodiguer les
injures, mais dont la France, moins
ingrate et plus juste, ne méconnaît ni
la supériorité ni le patriotisme, et n'ou-
bliera jamais les services. Ne pouvant
lui répondre, on l'a renversé. Et pour
faire quoi? Ce qu'il voulait faire lui-
même : la République conservatrice.
Car on la fera, qu'on le veuille ou non.
On la fera, ne fût-ce qu'en ne faisant
rien par impuissance de faire à la fois
trois choses contradictoires.

On a bien prétendu ne vouloir faire
que de la politique conservatrice en
laissant de côté la question de République. Mais on ne néglige pas à volonté
les questions qui s'imposent. Accepte-
t-on, oui ou non, la République? En
prend-on enfin son parti, résolûment,
puisque le mot est à la mode, et sans
arrière-pensée? — Dire oui, on ne le
veut. Dire non, on ne le peut. On dé-

tourne laquestion et l'on s'efforce d'a-
journer.

Voilà pourtant tout ce qu'on a pu
faire contre la République : renverser
l'éminent homme d'Etat qui demandait
qu'on la rendît définitivement légale,
puisqu'aussi bien elle existe et ne peut
être remplacée par trois monarchies
qui s'excluent. Qu'est-ce qui empêchait
donc de faire cela d'abord, puisqu'il
faudra bien qu'on y vienne, sauf à faire
ensuite de la politique aussi résolûment
conservatrice qu'on l'aurait voulu ?

C'est bien là qu'on peut voir l'aveu-
glement de la passion et du parti-pris.
Nulle part ne s'est mieux étalée cette
horreur irréfléchie du mot quand on a
et qu'on aura forcément la chose. Car
rien ne peut faire qu'elle ne soit pas ;
rien, pas même un de ces accidents que
quelques-uns espèrent peut-être au fond
du cœur et qui ne serait jamais que le
triomphe éphémère de l'un des trois
partis monarchiques sur les deux autres,
dont les espérances et les désirs de re-
vanche ne s'évanouiraient pas.

Il n'y aurait pas de républicains, que
la République s'imposerait encore.
Mais il y en a, et le pays a su dire,
dans toutes les occasions qui lui ont été
offertes, qu'ils ne sont pas à l'état de

parti clair-semé, sans adhérents et sans écho.

Loin de là, ces épreuves successives leur permettent de se prétendre, sans invraisemblance, en majorité, de demander, si l'on en doute, qu'on appelle les électeurs à décider la question. De bonne foi, est-ce avec de pareils éléments qu'on peut méconnaître l'invincible nécessité de la République? Un coup de force ou de surprise la supprimerait un jour qu'elle n'aurait pas péri pour cela.

XIV

La sagesse exige donc qu'on cesse enfin de la discuter. Ne pourrait-on y apporter aussi un peu plus d'abnégation et d'esprit de concorde?

Pourquoi toujours des paroles de violence et de haine? Pourquoi ne pas reconnaître la bonne foi les uns des autres en s'abstenant de disputes amères, au moins là où la force des choses rend vaine toute discussion? Mettons une bonne fois la République hors de cause, puisqu'aussi bien nous ne pouvons faire autrement. Les sujets de dispute ne nous manqueront pas pour cela; mais quand nous nous serons mis d'accord sur ce point fondamental, elles troubleront moins le pays. On ne peut demander ni désirer qu'il n'y ait point de partis, il y en aura toujours et il n'est pas mauvais qu'il y en ait. C'est la vie des peuples libres. Mais leurs luttes, sans être moins ardentes, pourront être moins périlleuses pour la paix publique quand elles n'auront pas pour objectif l'essence même des institutions. Le sacrifice de croyances anciennes, d'opinions traditionnelles, est impossible, on peut l'admettre, de la part de ceux chez qui elles sont devenues une foi. Mais c'est le plus petit nombre. La grande généralité, parmi ceux-là même qui s'occupent de politique plus activement que la masse de la population, n'a pas de ces partis-pris insurmontables. Il n'est pas impossible, avec un peu de bonne volonté, de surmonter quelque répugnance quand la raison le commande, quand la nécessité l'impose et quand on peut ainsi favoriser l'apaisement des esprits. D'assez grands exemples en ont été donnés pour qu'il soit honorable de les suivre.

Là surtout se montre la supériorité de la République, institution nécessaire, sur la monarchie, institution factice et de convention. Cette nécessité même permet de l'accepter dignement, parce qu'elle commande de le faire. L'une de nos trois monarchies prétendrait en vain qu'elle assure l'ordre et garantit les intérêts. Sans parler de ce qu'il y a de peu fondé dans une pareille prétention, démentie avec tant d'éclat par nos derniers désastres, chacune des deux autres affiche des prétentions semblables. Le choix de l'une ou de l'autre serait donc une simple affaire de préférence sur laquelle les esprits resteraient divisés. Ils le sont moins sur la République; parce que, si elle s'impose comme forme nécessaire de gouvernement, elle ne décourage les espérances d'aucun des partis qui l'acceptent. Plus ou moins autoritaire, plus ou moins libéral, chacun peut aspirer à devenir majorité et à prendre la direction des affaires. On voit aujourd'hui au pouvoir une coalition de trois partis divisés entre eux, qui a pris pour mot d'ordre l'exclusion de tous les républicains, et la République n'en meurt pas. Quelle est la royauté qui pourrait vivre avec des Chambres républicaines, des ministres républicains, une administration républicaine de la base au sommet, le tout appuyé d'une presse républicaine pouvant dire et disant, contre la monarchie et son principe, tout ce que dit journellement contre la République une presse dont l'hostilité n'a pas de bornes?

Ce phénomène ne prouve pas seulement la vitalité de la République, sa force réelle, les racines profondes qu'elle a dans le pays, dont la volonté maintes fois manifestée est bien quelque chose, même après qu'il a élu, depuis plus de deux ans, une Assemblée qui le représente encore. Le phénomène prouve en outre que la République est compatible avec l'exercice de pouvoir, même par les partis les moins républicains. Elle est assez forte pour pouvoir ce que ne pourra jamais une royauté : laisser à chacun d'eux sa place au soleil. Et comme ce serait encore plus vrai si chacun en acceptait le principe, sauf à s'efforcer d'en obtenir le gouvernement !

C'est alors, quand on aura ainsi mis le droit et la raison de son côté, quand on aura, par la franchise de son adhésion, enlevé tout prétexte à ses adversaires, c'est alors qu'on sera fort pour faire de la conservation sociale si l'état du pays le commande et si ce mot n'est pas une étiquette sous laquelle se cache une réaction funeste aux intérêts même que l'on prétend sauvegarder.

Sur ces questions, de plus ou moins de libéralisme dans le parti au pouvoir, dans l'inspiration du gouvernement et dans la marche des affaires, la République laisse au pays toute liberté de se prononcer. Il n'entre pas dans l'objet de ce travail d'examiner la valeur de ce système de conservation à outrance, ou, plus exactement, de réaction sans mesure qui entraîne certains esprits. Il suffit de constater que les institutions républicaines comportent, sur ces questions, des solutions diverses selon les circonstances et l'appréciation souveraine des électeurs. La République peut être aussi conservatrice, autoritaire et réactionnaire que n'importe quelle monarchie. Ce ne sera pas la meilleure des Républiques pour ceux qui la voudraient, en même temps que conservatrice, progressive et libérale. Mais ce sera la République encore, et il dépend de tous les hommes de bonne foi et de bonne volonté de la rendre ce qu'elle doit être par-dessus tout : conciliatrice. Elle seule l'est par essence, puisque seule elle laisse le pouvoir accessible à tous, à commencer par ceux-là même dont le premier désir est d'en exclure les républicains.

Qu'ils l'acceptent donc, ils n'y auront pas grand mérite, puisqu'ils ne peuvent faire autrement. Mais qu'ils fassent de nécessité vertu et l'acceptent de bonne grâce; en cela ils auront quelque mérite. Les bons citoyens, dans un pays divisé comme le nôtre, ne devraient lutter que d'efforts et d'abnégation pour amener un peu d'union au lieu de surexciter les discordes.

FIN

Paris. — Imp. Dubuisson et Cᵉ, rue Coq-Héron, 5. 4465.